O GUIA DA
PEQUENA RÃ
PARA O
AUTOCUIDADO

Tradução
Nina Lua Ferreira

1ª edição

MAYBELL EEQUAY

BestSeller

Rio de Janeiro | 2025

CIP-BRASIL. CATALOGAÇÃO NA PUBLICAÇÃO
SINDICATO NACIONAL DOS EDITORES DE LIVROS, RJ

E26g   Eequay, Maybell
        O guia da pequena rã para o autocuidado / Maybell Eequay ;
        tradução Nina Lua Ferreira. - 1. ed. - Rio de Janeiro : BestSeller, 2025.

        Tradução de: The little frog's guide to self care
        ISBN 978-65-5712-490-1

        1. Autorrealização. 2. Autoestima. 3. Emoções. 4. Técnicas de autoajuda.
    I. Ferreira, Nina Lua. II. Título.

                CDD: 155.2
25-97213.0   CDU: 159.947

Meri Gleice Rodrigues de Souza - Bibliotecária - CRB-7/6439

Texto revisado segundo o novo Acordo Ortográfico da Língua Portuguesa.

Direitos exclusivos de publicação em língua portuguesa para o Brasil
adquiridos pela
Editora Best Seller Ltda.
Rua Argentina, 171, parte, São Cristóvão
Rio de Janeiro, RJ – 20921-380
que se reserva a propriedade literária desta tradução.

Impresso no Brasil

ISBN 978-65-5712-490-1

Seja um leitor preferencial Record.
Cadastre-se e receba informações sobre nossos lançamentos e nossas promoções.

Atendimento e venda direta ao leitor:
sac@record.com.br

PARA MAMÃE E JUJU,

OBRIGADA POR ME APOIAREM NOS
MOMENTOS DIFÍCEIS E POR SEMPRE ME AJUDAREM
A ENCONTRAR MEU RUMO. SEU AMOR E
SEUS ENSINAMENTOS VÃO ME ACOMPANHAR
E CONTINUAR ME INSPIRANDO PARA SEMPRE.

E PARA MEU QUERIDO DRUE,

ESTA PEQUENA RÃ NÃO EXISTIRIA
SEM VOCÊ. TE AMO.
TE AMO. TE AMO.

AUTOCUIDADO PARA MOMENTOS DIFÍCEIS

SE AS TAREFAS DOMÉSTICAS OU
DE AUTOCUIDADO PARECEREM
TRABALHOSAS DEMAIS, TENTE FAZÊ-LAS
EM PARTES.

ÀS VEZES, QUANDO ESTAMOS NA PIOR,
ALGO TÃO SIMPLES QUANTO ARRUMAR A
CAMA PODE PARECER UM DESAFIO
E TANTO.

PARA ALIVIAR UM POUCO A PRESSÃO E
AINDA ASSIM TER AQUELA
SENSAÇÃO DE DEVER CUMPRIDO,
MESMO QUE PEQUENA, TENTE APENAS
DAR UM JEITINHO NO COBERTOR EM VEZ
DE ARRUMAR A CAMA INTEIRA.

SE SUA CASA ESTÁ UMA
ZONA E TUDO PARECE
COMPLICADO DEMAIS, COMECE
FAZENDO SÓ UMA COISA.
PODE SER ARRUMAR UM CÔMODO
OU ALGO AINDA MENOR, COMO
TIRAR A BAGUNÇA DA MESA.
CADA CONQUISTA, MESMO
QUE PEQUENA, CONTA. ENTÃO,
QUANDO SUA SAÚDE MENTAL
NÃO ESTIVER DAS MELHORES,
TENTE FOCAR UM PEQUENO
OBJETIVO DE CADA VEZ PARA
SE SENTIR MELHOR.

SE A LOUÇA ESTÁ SE ACUMULANDO
E VOCÊ NÃO TEM ENERGIA PARA LAVAR,
DEIXE DE MOLHO NA ÁGUA COM SABÃO
ATÉ TER TEMPO OU DISPOSIÇÃO. VAI FICAR
MUITO MAIS FÁCIL DE LAVAR DEPOIS.

SE A SOLIDÃO BATER, TENTE ESCREVER
UMA CARTA PARA ALGUÉM QUE TEVE UM
IMPACTO POSITIVO NA SUA VIDA. PODE SER
UM FAMILIAR, UM AMIGO, UM PROFESSOR,
UM COLEGA DE TRABALHO OU UM ENTE
QUERIDO QUE JÁ PARTIU (VOCÊ NÃO PRECISA
ENVIAR A CARTA, MAS PODE, SE QUISER).

TIRAR UM TEMPO PARA MOSTRAR
GRATIDÃO A ALGUÉM IMPORTANTE
NA SUA VIDA É UM JEITO SIMPLES DE
TRAZER UM POUCO DE ALEGRIA
E CONFORTO PARA O SEU DIA.

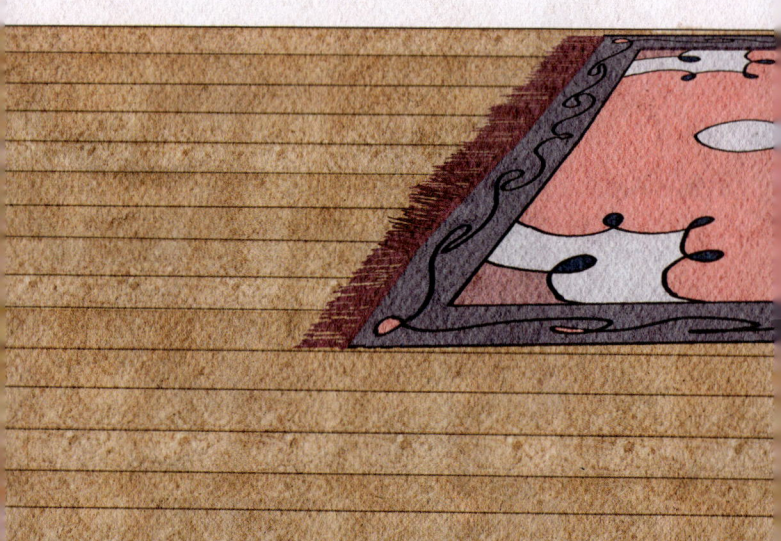

SE QUISER TORNAR SEU DIA UM POUCO MAIS ESPECIAL, COMPRE FLORES E COLOQUE EM UM VASO OU PREPARE UM BANHO QUENTINHO E PONHA ALGUMAS PÉTALAS NA ÁGUA.

SE QUISER NUTRIR UMA
RELAÇÃO MELHOR
COM SEU CORPO,
TENTE DEMONSTRAR
GRATIDÃO POR ELE.

AGRADEÇA ÀS PARTES
DO SEU CORPO
QUE MAIS USA OU
MAIS JULGA.

QUE TAL SE DAR UM
ABRAÇO TAMBÉM?

SE QUISER NUTRIR UMA RELAÇÃO MELHOR COM SUA MENTE, TENTE AJUSTAR SEU DIÁLOGO INTERNO.

MESMO QUE NO COMEÇO PAREÇA ESTRANHO OU FORÇADO, COM O TEMPO VOCÊ PROVAVELMENTE VAI PERCEBER UMA DIFERENÇA NA FORMA COMO SE TRATA E EM COMO PERMITE QUE OS OUTROS TRATEM VOCÊ.

SE PRATICAR A AUTOCOMPAIXÃO PARECER IMPOSSÍVEL, TENTE SENTIR AMOR E EMPATIA PELA SUA VERSÃO DO PASSADO.

ÀS VEZES É MAIS FÁCIL DEMONSTRAR AMOR E EMPATIA PELA CRIANÇA QUE VOCÊ FOI DO QUE POR QUEM É HOJE.

SE QUISER IR UM POUCO MAIS FUNDO,
TENTE ESCREVER UMA CARTA DE AMOR
PARA UMA VERSÃO SUA QUE ESTAVA
PASSANDO POR DIFICULDADES.

IMAGINE SE ESSE EU DO PASSADO
PUDESSE LER A CARTA. O QUE VOCÊ
GOSTARIA DE DIZER? ESSA PODE
SER UMA ÓTIMA FORMA DE SE
RECONECTAR COM SUA ESSÊNCIA.

Para meu eu de 12 anos:

Eu te amo e sinto muito
que você tenha sofrido
bullying na escola!
Você não merecia isso.
Queria poder te abraçar.
Com amor,

Sua versão
mais velha

SE VOCÊ TEM DIFICULDADE EM SE
PRIORIZAR, TENTE RESERVAR PELO MENOS
CINCO MINUTOS POR DIA PARA
CRIAR UM MOMENTO SÓ SEU.

VOCÊ PODE ATÉ RESSIGNIFICAR ALGO
QUE JÁ FAZ PARTE DA SUA ROTINA,
COMO TOMAR UM CAFÉ OU CHÁ,
CUIDAR DA PELE, LER ALGUMAS PÁGINAS
DE UM LIVRO OU SE SENTAR
AO AR LIVRE.

MELHOR AINDA SE FOR
SEM O CELULAR.

DEZ AFIRMAÇÕES PARA SE LEMBRAR DA SUA MAGIA

SE VOCÊ ESTIVER CONSTRUINDO UMA RELAÇÃO SAUDÁVEL PARA SI E SE ESFORÇANDO PARA AJUSTAR SEU DIÁLOGO INTERNO, AS AFIRMAÇÕES SÃO UM ÓTIMO PONTO DE PARTIDA.

TENHO TANTA
CORAGEM POR
EXISTIR.

VOU SER
MAIS LEGAL
COMIGO.

EU MEREÇO REALIZAR MEUS SONHOS ASSIM COMO QUALQUER OUTRA PESSOA.

MEU CORPO
SE ESFORÇA
MUITO
POR MIM.

A MAGIA SEMPRE
SE REVELA QUANDO
ME DISPONHO
A ENXERGÁ-LA.

EU MEREÇO
RELACIONAMENTOS
SEGUROS E SAUDÁVEIS.

EU ME PERMITO SENTIR
AS EMOÇÕES E
DEIXAR ELAS IREM
QUANDO FOR
A HORA.

VOU SER
MAIS GENTIL
COMIGO.

MEUS TRAUMAS
NÃO ME TORNAM
DIFICIL DE AMAR.

VOU ME TRATAR
DA MESMA FORMA
COMO TRATARIA
MEU MELHOR AMIGO.

PERMITINDO-SE ENCONTRAR A MAGIA NO MUNDO

COM TUDO O QUE ESTÁ
ACONTECENDO NO MUNDO,
MUITAS VEZES NOS
ESQUECEMOS
DE TODAS AS PEQUENAS
COISAS QUE TORNAM A VIDA
NA TERRA TÃO ESPECIAL.

PEQUENOS MILAGRES
ACONTECEM A TODO
MOMENTO, E SE CONECTAR
COM ELES PODE MUDAR
A FORMA COMO VOCÊ
ENXERGA O MUNDO
À SUA VOLTA.

VOCÊ JÁ SE SENTOU EM SILÊNCIO
PARA OBSERVAR UM JARDIM?

QUANTO MAIS VOCÊ OLHA, MAIS VIDA
CONSEGUE ENXERGAR. PEQUENOS MUNDOS
COMPLEXOS COMEÇAM A SE REVELAR, E,
DE REPENTE, OS JARDINS PARECEM MUITO
MAIS VIVOS DO QUE ANTES.

Nossa, eu
não sabia que
tinha alguém
morando aqui

Oi!

COISAS SIMPLES COMEÇAM A PARECER EXTRAORDINÁRIAS SE VOCÊ OLHAR PARA ELAS COM CURIOSIDADE E ENCANTAMENTO.

Não acredito que
pinhas existem

DÁ PARA ACREDITAR
QUE TEMOS A
OPORTUNIDADE DE
VIVER NO MESMO
PLANETA QUE OS
VAGA-LUMES? ISSO
JÁ É MOTIVO PARA
COMEMORAR.

Você é um cão
tão bonzinho

... Eu sou um gato

E JÁ PAROU PARA PENSAR
COMO É INCRÍVEL PODERMOS
TER ANIMAIS COMO COMPANHEIROS?
MESMO SEM FALAR A MESMA LÍNGUA,
ENCONTRAMOS FORMAS DE NOS
COMUNICAR, E, ÀS VEZES, ESSES
LAÇOS SÃO AINDA MAIS PROFUNDOS
DO QUE OS QUE TEMOS COM
OUTROS SERES HUMANOS.

CONFORME CRESCEMOS E FORMAMOS NOSSA COMPREENSÃO DO MUNDO, É COMUM PARARMOS DE FAZER PERGUNTAS. POR QUE ALGUMAS FOLHAS SÃO VERDES E OUTRAS SÃO ROXAS OU VERMELHAS? OS CARACÓIS JÁ NASCEM COM A CONCHA? POR QUE ALGUMAS FLORES DESABROCHAM À NOITE? COM A INTERNET, PODEMOS ENCONTRAR RESPOSTAS PARA TODAS ESSAS PERGUNTAS EM SEGUNDOS, MAS SE PERMITIR REFLETIR SOBRE ESSAS COISAS PODE AJUDAR VOCÊ A MANTER A CURIOSIDADE E ATÉ DESPERTAR UM VERDADEIRO INTERESSE POR ALGO QUE VOCÊ NUNCA TINHA PARADO PARA PENSAR.

TENTE ENCONTRAR ALGO DE QUE VOCÊ
GOSTE E AGUARDE ANSIOSAMENTE
A CADA ESTAÇÃO.

O AROMA QUE O AR TEM NO OUTONO,
OU COMO OS MESES DE INVERNO DÃO
A OPORTUNIDADE DE SE ACONCHEGAR
E OLHAR PARA DENTRO. COMO A CADA
PRIMAVERA PARECE QUE O MUNDO ESTÁ
DESPERTANDO DE UM SONO PROFUNDO, OU
COMO O VERÃO É SEMPRE VIBRANTE
E CHEIO DE VIDA.

ENCONTRAR FORMAS DE RECEBER CADA
ESTAÇÃO DE BRAÇOS ABERTOS GERA
AQUELA SENSAÇÃO BOA. ASSIM, MESMO
QUE SEJA PEQUENA, ELA DURA O ANO
INTEIRO.

TENTE SAIR AO AR LIVRE COM A INTENÇÃO DE ESTAR PRESENTE. O QUE VOCÊ OUVE? O QUE VÊ? QUAL É O CHEIRO DO AR? QUE EMOÇÕES VÊM À TONA?

COMO VOCÊ SE SENTE?

PERMITIR-SE ENXERGAR
A MAGIA NAS PEQUENAS
COISAS É UMA
DAS FORMAS MAIS
DOCES DE INTERAGIR
COM O MUNDO. SE
PROCURÁ-LA, VOCÊ A
ENCONTRARÁ.

COISAS PARA LEMBRAR

TODAS AS EMOÇÕES TÊM
UM PROPÓSITO: TRISTEZA, RAIVA,
LUTO, ALEGRIA, ENCANTAMENTO,
SERENIDADE E ASSIM POR DIANTE.

EMBORA ALGUMAS EMOÇÕES SEJAM
MENOS AGRADÁVEIS QUE OUTRAS, ISSO
NÃO SIGNIFICA QUE SEJAM RUINS. SER
HUMANO É SENTIR UM AMPLO ESPECTRO
DE EMOÇÕES AO LONGO DA VIDA. TODAS
VÊM E VÃO. MESMO QUE SEJA DIFÍCIL
ACREDITAR QUANDO ESTAMOS PASSANDO
POR ELAS, AS EMOÇÕES DIFÍCEIS NÃO
DURAM PARA SEMPRE.

SEUS TROPEÇOS
NÃO DIMINUEM O
SEU PROGRESSO.

MESMO QUE PAREÇA,
NÃO EXISTE FÓRMULA
PERFEITA PARA A VIDA.
NA MAIOR PARTE DO
TEMPO, TODO MUNDO
AO SEU REDOR ESTÁ
DESCOBRINDO O
PRÓPRIO CAMINHO
ENQUANTO SEGUE
EM FRENTE.

CADA UM TEM SEU TEMPO, E NÃO EXISTEM REGRAS QUE DITEM COMO SUA VIDA DEVERIA SER EM DETERMINADA IDADE.

SUA MENTE
NEM SEMPRE DIZ A
VERDADE PARA VOCÊ.
ANSIEDADE, DEPRESSÃO,
INSEGURANÇAS E
OUTROS FATORES
PODEM INFLUENCIAR
NOSSOS PENSAMENTOS
DE VÁRIAS FORMAS,
E É IMPORTANTE LEMBRAR
QUE, ÀS VEZES, O QUE
PENSAMOS NÃO REFLETE
A REALIDADE.

O PROCESSO DE CURA
RARAMENTE É LINEAR,
E NÃO TEM PROBLEMA
CHORAR POR ALGO QUE
VOCÊ ACHAVA QUE JÁ
TIVESSE SUPERADO.

VOCÊ NÃO PRECISA
VOLTAR A SER QUEM
JÁ NÃO É MAIS
PARA SATISFAZER
AQUELES QUE NÃO
ESTÃO PRONTOS PARA
ENXERGAR O QUANTO
VOCÊ CRESCEU.

A FAMÍLIA QUE ESCOLHEMOS É A NOSSA VERDADEIRA FAMÍLIA.

SÓ VOCÊ PRECISA SE
DAR PERMISSÃO PARA
SE TORNAR QUEM
DESEJA SER.

EXISTEM TANTAS COISAS IMPACTANTES E DIFÍCEIS ACONTECENDO NO MUNDO, E PODE HAVER DESAFIOS PESSOAIS QUE PRECISEMOS ENFRENTAR, MAS É IMPORTANTE LEMBRAR QUE VOCÊ NÃO ESTÁ SÓ E QUE TUDO BEM NÃO ESTAR BEM.

MESMO NOS MOMENTOS DIFÍCEIS, EXISTE UMA MAGIA INEGÁVEL DENTRO DE VOCÊ.

NO FIM DAS CONTAS, SOMOS TODOS APENAS UM MONTE DE PEQUENAS RÃS FLUTUANDO JUNTOS PELO ESPAÇO, TENTANDO FAZER COM QUE OS OUTROS SE SINTAM UM POUCO MENOS SOZINHOS E TORNAR NOSSO TEMPO NESTE MUNDO UM POUCO MAIS ESPECIAL.

Este livro foi composto nas tipografias
Krylon e Iowan Old Style para pontuação,
e impresso em papel offset
na gráfica Zit.